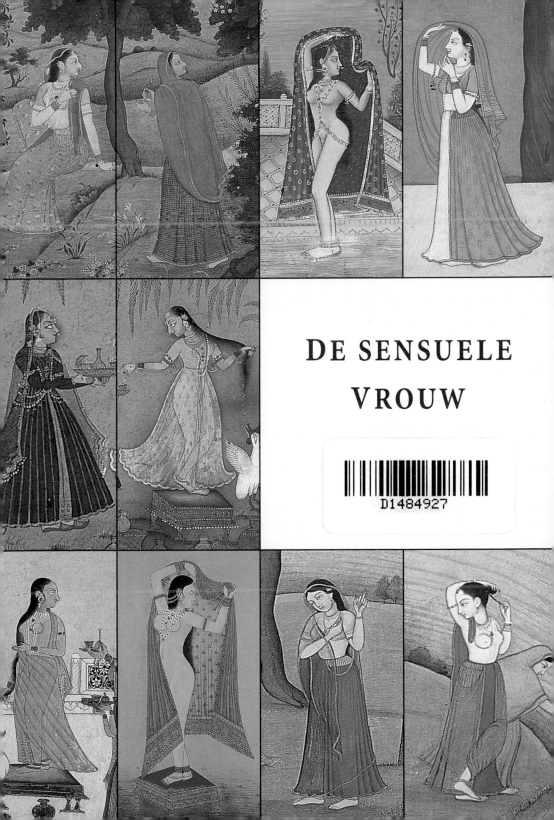

DE SENSUELE
VROUW

D1484927

Oorspronkelijke titel: Kama Sutra – Amorous Man
and Sensuous Woman
© 1995 Lustre Press Pvt. Ltd., New Delhi
© 1997 Rebo Productions, Lisse
Lay-out: Adage Communications, New Delhi
Illustraties opgenomen met toestemming van: National Museum,
New Delhi en Rama Kishan Sharma, Jaipur
Omslagontwerp: Ton Wienbelt, den Haag
Vertaling: Sytze Bentvelt
Redactie en productie: TextCase, Groningen
Zetwerk: Hof&Land Typografie, Maarssen

7e druk 2004

ISBN 90-366-1573-9

Gedrukt in Singapore

Titelpagina: als ze haar echtgenoot thuis benadert, moet de vrouw veel
sieraden en allerlei soorten bloemen dragen, en ook licht geparfumeerd
zijn.
Rechts: bij deze coïtushouding, gebaseerd op de yoga-oefening sheersasa-
na, rust de vrouw op haar hoofd. Het paar wordt ondersteund door twee
helpsters.

inhoud

Water, aan u danken wij onze levenskracht. Voed ons,
opdat wij met grote vreugde anderen mogen
aanschouwen.

inleiding

"**H**aar gezicht is als de volle maan in een donkere nacht, haar ogen groot als van een angstige hinde, haar borsten fier en stevig, haar tred gracieus als een zwaan, haar *yoni* als een verkwikkend lotusbed..." Wie zou niet gecharmeerd raken van Vatsyayana's portret van de hinde-vrouw? In de Oudindische literatuur wemelt het van dit soort lyrische beschrijvingen, of het nu gaat om Kalidasa's Shakoentala of om een wanhopig verliefde prinses die in de moessontijd in de schemering wacht op haar minnaar, terwijl duizend olifanten voorbijtrekken aan de horizon!

Ook in dat grijze verleden besefte Vatsyayana reeds dat de vrouwelijke seksualiteit niet iets vanzelfsprekends was. Hij adviseerde de man dan ook om zijn genot ondergeschikt te maken aan dat van haar, en zijn hoofdstuk over verenigbaarheid bevat de diepe inzichten van een wijs man die de menselijke aard en de tijdloze geneugten van het minnespel had doorgrond.

De belichaming van de vrouwelijke seksualiteit is Rati, die vrouwen inwijdt in de liefdeskunst. Door zowel het seksuele als sensuele te intensiveren, worden ze naar ongekende toppen van genot en bevrediging gevoerd. "Sommige geleerden keuren dit af", horen we de openhartige auteur dikwijls zeggen, maar zelf raadt hij vrouwen aan om zijn werk toch vooral te lezen! Bedenk dat hij niet alleen voor gehuwden schreef, maar voor alle geliefden. Zijn opmerkelijk ruimdenkende visie is een van de grote charmes van de *Kama Soetra* — en de reden waarom dit boek ook nu nog zo aanspreekt.

Werp af uw enkelringen, die al te
luidruchtige vijanden, die kletteren
bij het liefdesspel!

de overpeinzingen van de Kama Soetra

In het oude India was het voor mannen heel gewoon om naast de andere kunsten en wetenschappen de *Kama Soetra* te bestuderen. Maar men had zo zijn twijfels of jongedames, en dan vooral ongetrouwde, dit ook moesten doen. Uiteraard konden zij zich die kunst eigen maken als ze eenmaal getrouwd waren en als hun echtgenoten dit goed vonden. Maar veel geleerden waren ook van mening dat vrouwen, die immers geen enkele wetenschap mochten bestuderen, zich evenmin moesten verdiepen in de liefdeskunst.

Vatsyayana is het hiermee oneens, omdat vrouwen de praktijk van de *Kama Soetra* instinctief al kennen. Velen groeien uit tot volleerde minnaressen zonder de wetten en regels te kennen waarop de liefdeskunst is gebaseerd. Soms maken priesters bij het vereren van de goden wel gebruik van de juiste woorden, al weten ze niet precies wat die woorden betekenen. Berijders van paarden en olifanten dresseren hun dieren ook zonder dat ze de wetenschap van de dressuur anders dan uit de praktijk kennen. En ook mensen uit de meest afgelegen provinciën gehoorzamen de bevelen van hun koning zonder erover te redeneren. Op dezelfde wijze kunnen adellijke dames en publieke vrouwen bedreven zijn in de liefdeskunst.

Daarom, concludeert Vatsyayana, moet ook u de *Kama Soetra*, of althans een deel ervan, leren van een vertrouwde vriendin. Bekwaam u in afzondering in de 64 praktijken van de Kama Shastra. De rest kunt u opsteken van een lerares, die een van de volgende personen moet zijn:

❖ de dochter van een min met wie u bent opgevoed en die al getrouwd is;
❖ een vriendin die u vrijwel alles kunt toevertrouwen;
❖ een tante, bij voorkeur uw moeders zuster;

7

- een oude dienares;
- een bedelares die vroeger inwoonde bij uw familie;
- uw eigen zuster, die altijd te vertrouwen is.

Naast de *Kama Soetra* zijn er nog andere kunsten waarin u zich moet bekwamen: zingen en het bespelen van muziekinstrumenten; dansen, schrijven, schilderen en tatoeëren.

Versier de beelden van uw huisgoden met rijst en bloemen. Bestrooi bedden en divans met bloemen of maak bloementapijten op de grond. Leer ook hoe u uw kleding, huid, nagels en haar op allerlei decoratieve manieren kunt kleuren of verven.

Kom zo veel mogelijk aan de weet over interieurverzorging, zoals het opmaken van bedden en het op de grond uitspreiden van tapijten en kussens. Leer tevens iets over het maken van muziek op met water gevulde glazen (*jal tarang*).

Het is nuttig om te weten hoe u rozenkransen, guirlandes en bloemkransen moet maken, en van bloemen tulbanden, kronen en diademen maakt. Leer al het mogelijke over de toneelkunst en over toneeldecors.

Andere schone kunsten mogen evenmin worden vergeten, zoals het maken van oorhangers en het correcte gebruik van parfums, make-up en kleding. Leer iets van de toverkunst en ontwikkel uw kookkunst. Wees bedreven in het samenstellen van sorbets, limonades, frisdranken, vruchtensappen en alcoholische dranken.

Het kunnen maken en verstellen van kleren is onmisbaar voor het huishouden. Oefen u in het knippen van vormen uit lappen stof, zoals papegaaien, bloemen, tuiltjes, kwastjes, bosjes, bolletjes enz.

Bekwaam u in de mimekunst en in het oplossen van raadsels, puzzels en woordspelletjes. Word welbespraakt door veel te lezen. Bestudeer moeilijke zinnen, leer liedjes, voordrachten en dergelijke uit uw hoofd.

Leer u te verdedigen met het zwaard, de stok, de lange staf en pijl en boog. Oefen u in het redeneren en het trekken van logische conclusies. Verder is het handig om enige kennis te hebben van de timmerkunst en architectuur, gouden en zilveren munten, juwelen en halfedelstenen, chemie en mineralogie, en van het kleuren van juwelen, halfedelstenen en kralen.

Links: als zware regenwolken de lucht verduisteren en hemelse vogels met schitterende vleugels overvliegen, hunkert het hart naar gezelschap.
Blz. 10 en 11: als hij 's avonds laat thuiskomt, kan de vrouw doen alsof ze slaapt om erachter te komen wat hij van plan is.

Leer ook iets over mijnen en groeven, over grondsoorten en tuinieren, zoals het verzorgen en bemesten van bomen en het inschatten van hun leeftijd en conditie. Zorg dat u iets afweet van het opslaan van water in aquaducten en andersoortige reservoirs. Bekwaam u in de kunst van gevechten tussen hanen, kwartels en rammen, en in de subtiele kunst om papegaaien en spreeuwen te leren spreken.

Leer te schrijven in geheim- of cijferschrift, of ontwikkel uw eigen manieren van schrijven. Een creatief taalgebruik is belangrijk om het begin en het eind van woorden naar believen te kunnen wijzigen, overbodige letters in te kunnen lassen tussen de lettergrepen van een woord of om woordspelingen te kunnen maken. Wees vooral veel met taal bezig – dat scherpt de geest en helpt u bij het afmaken van onvoltooide coupletten of verzen. Schrijf ook gedichten en breid uw vocabulaire uit met behulp van een woordenboek.

Bekwaam u in de kunst om het uiterlijk van mensen of dingen te veranderen, zodat katoen eruitziet als zijde of zijde als katoen. Ken de grondbeginselen van het dobbelen en van de kunst om zich door middel van bezweringen de bezittingen van anderen toe te eigenen. Weet hoe u zich behoort te gedragen in de samenleving en hoe u ouderen respect betoont. Leer kortom alles wat er te leren valt in de wereld, en het zal u in de toekomst van pas komen.

Als u dit alles leert, krijgt u het respect dat u verdient en wordt u als gelijke behandeld in een geleerd gezelschap. U wordt gerespecteerd door de koning en geprezen door wijze mannen. Iedereen zal naar uw gunst dingen en u zult overal in hoog aanzien staan.

Als een dochter van de koning bedreven is in alle bovengenoemde kunsten, zo wordt ons gezegd, zal ze iedereen overtreffen, ook al heeft haar echtgenoot nog duizend vrouwen naast haar.

Maak u geen zorgen als u onverhoopt wordt verlaten door uw man en in moeilijkheden raakt. Zelfs in een ver en vreemd land zullen deze kunsten u behulpzaam zijn. Ook als u ze maar een beetje beheerst, bent u al aantrekkelijker voor mannen en zult u succes hebben bij alles wat u onderneemt.

Links: met haar bleke wangen, haar vermoeide boezem, haar geslonken taille en hangende schouders is ze mooi in haar liefdesverdriet.

13

Haar borsten voelen rijp aan in mijn gewelfde handen.
Deze bollen van begeerte doen alles vergeten.

de edele verleidingskunst

Zelfs in de liefde hebben mannen andere overwegingen dan vrouwen. Zo werken wijsheid en moraal op hen als een rem, al koesteren ze nog zulke sterke gevoelens voor een vrouw. Soms doet een man oprechte pogingen om uw genegenheid te winnen en keert hij, als dit mislukt, later terug om u met hernieuwde energie het hof te maken.

Maar het kan ook gebeuren dat hij, als zijn doel eenmaal is bereikt, om duistere redenen ineens onverschillig voor u wordt.

Dit mannelijke trekje voor ogen houdend, moet u de avances van een man in de volgende gevallen afwijzen: als u van uw echtgenoot houdt, als u wettige nakomelingen wilt, als hij meer van reizen houdt dan van u, als hij al van iemand anders houdt, als hij te veel praat, als hij meer aan zijn vrienden gehecht is dan aan u, als u vermoedt dat het hem geen ernst is, als u terugschrikt voor het feit dat hij zo beroemd, zo intelligent of zo machtig is, (bij hinde-vrouwen) als hij te hartstochtelijk is, als u eerder alleen een vriend in hem zag, als hij te wereldvreemd is, als u walgt van zijn lompheid, als hij uw liefde niet beantwoordt, (bij olifant-vrouwen) als hij een haas-man is met een geringe hartstocht, als u vreest dat hij door zijn roekeloze hartstocht in moeilijkheden raakt, als hij u wanhopig maakt over uw eigen tekortkomingen, als u bang bent voor ontdekking, als zijn grijze haar of slonzige voorkomen u afstoot, als u vermoedt dat hij door uw echtgenoot in de arm is genomen om u op de proef te stellen, en als hij zich te druk maakt over de moraal.

Maar wanhoop niet, want de *Kama Soetra* kent altijd meerdere oplossingen. Zo kunt u uw minnaar helpen om een beter mens te worden. Of als u vindt dat hij boven u verheven is, kan

hij uw schuchterheid wegnemen door vertrouwelijker met u om te gaan.

De volgende mannen hebben gewoonlijk het meeste succes bij vrouwen: bedreven minnaars, virtuoze vertellers, vrienden uit de kindertijd, mannen met een goede naam, mannen die men in vertrouwen kan nemen, begenadigde sprekers, mannen die er knap uitzien, buurmannen, sensuele types (ook als dit bedienden zijn), pasgetrouwde mannen, fuifnummers, vrijgevige en dappere mannen, mannen die wijzer en aantrekkelijker zijn dan de eigen echtgenoot, mannen die sterk zijn (stier-mannen) en mannen die qua kleding en manieren een voorname indruk maken.

*Boven: o laat hem met mij slapen, ik die baadde in het zweet en overal vochtig werd. **Rechts:** laat Indra uw perverse strijdwagen duwen en u helpen bij uw jacht naar roem en oorlogsbuit.*

Als een vrouw een van haar voeten op de voet
van haar minnaar zet en de andere op zijn dijen,
terwijl ze de ene arm om zijn rug slaat en de andere
op zijn schouder legt, wordt dit het 'klimmen
in een boom' genoemd.

charme doet wonderen

Er is geen reden tot wanhoop als u niet uit een rijke familie komt. Volgens de wijzen vormt armoede of een nederige afkomst geen probleem, zolang u over goede eigenschappen beschikt. Als u maar enigszins handelt naar uw status, kunt u iedere partner krijgen die u wenst. Zoek een man met weinig wilskracht die toch bereid zal zijn om ook zonder de toestemming van zijn ouders te trouwen. U kunt dit bereiken door dingen te doen die u dichter bij hem in de buurt brengen en door hem veelvuldig te bezoeken. Ook moeders moeten ontmoetingen tot stand brengen door de bemiddeling van chaperonnes.

Probeer uw geliefde te ontmoeten op rustige plaatsen en geef hem af en toe bloemen, betelbladeren en geurige parfums. Toon hem uw vaardigheid in de schone kunsten, in masseren en in het aanbrengen van tekens met de nagels. Praat over zaken die *hij* interessant vindt en over de vele manieren waarop een meisje kan worden veroverd.

De oude schrijvers zeggen echter ook dat u zich niet zomaar mag aanbieden, al voelt u zich nog zo tot hem aangetrokken. Als u het initiatief neemt, verliest u uw trots, waardigheid en zelfrespect. Dus kijk uit, want u begeeft zich op glad ijs en loopt het risico te worden afgewezen en geminacht. Maar mocht hij de eerste stap doen en u omhelzen, doe dan alsof u niet weet wat u overkomt. Stribbel tegen als hij u probeert te kussen. Als hij aandringt en u smeekt om gemeenschap met hem te hebben, mag u hem alleen toestaan om de intieme delen van uw lichaam aan te raken, en dat nog slechts na lang aarzelen. Al heeft hij u in de houdgreep, geef u dan nog niet gewonnen. Pas wanneer u zeker weet dat hij van u houdt en zal blijven houden, kunt u zich aan hem schenken, maar laat hem beloven dat hij spoedig met u zal trouwen. Wanneer u de

Blz. 20 en 21: Hari danst vol overgave met de vrouwen in het bos, dat zwanger is van passie.

vruchten van het genot hebt geproefd en uw maagdelijkheid hebt verloren, moet u dit absoluut gaan vertellen aan uw intimi. Er worden nog wat andere adviezen gegeven: hebt u veel aanbidders, trouw dan met de man die u het leukst vindt, mits u ervan overtuigd bent dat hij verrukt van u is en tevens in staat is u veel genot te schenken.

Als uw ouders u louter uit hebzucht uithuwelijken aan een rijke man of aan een man die al enkele echtgenotes heeft, zult u nooit aan hem gehecht raken, al is hij op zich eerbaar, plichtsgetrouw, sterk en gezond, en al doet hij er alles aan om u te behagen. Rijke mannen met veel vrouwen krijgen nooit veel genegenheid. Ook al zwemmen ze in luxe, toch bekijken ze andere mannen met afgunst. Ongeschikte echtgenoten zijn domme mannen, mannen die hun aanzien hebben verspeeld, mannen die veel reizen of gokken en mannen die hun vrouwen uitsluitend gebruiken voor hun eigen bevrediging. Van al uw aanbidders is alleen de man van uw dromen uw ware echtgenoot, want alleen met hem zult u voor altijd gelukkig kunnen zijn.

Links: Krishna kijkt toe vanuit een bamboebosje terwijl 'zij met de bevallige heupen' een bad neemt.
Boven: bij het begin van de coïtus is de hartstocht van de vrouw middelmatig en verdraagt ze zijn krachtige stoten nog niet.

23

Na al het intense genot, met die overweldigende
siddering aan het eind, zakte mijn lichaam in elkaar,
omdat het niet meer kon verdragen.

over courtisanes

De meeste vrouwen beginnen een affaire niet om er financieel beter van te worden. Maar degenen die seks toch willen zien als een middel om zich te verrijken, adviseert de *Kama Soetra* hun werkelijke motief te verbergen door te doen alsof hun liefde oprecht is.

Mannen zijn gevoelig voor gevlei, en iedere minnaar moet de slaapkamer verlaten in de waan dat hij de beste minnaar aller tijden is.

Laat nooit doorschemeren dat het u om zijn geld te doen is. Hij moet geloven dat hij u zo ontzettend opwindt dat de rest daar automatisch uit voortvloeit.

Andere praktische tips

❖ Wees altijd goedgekleed en mooi opgemaakt.
❖ Houd vanuit de beschutting van uw woning uw ogen gericht op de weg, zodat voorbijgangers u kunnen zien.
❖ Sluit vriendschap met mensen die u in contact kunnen brengen met aanbidders, die u helpen als het wat minder gaat en u beschermen tegen lastposten.
❖ Goede bondgenoten kunt u aantreffen bij de politie en het gerecht, onder astrologen, geleerden en invloedrijke personen. Ook minder voorname mensen kunnen u aan minnaars helpen, zoals bloemenverkopers, handelaren in parfums of drank, wasbazen, kappers en bedelaars.

Zoek uw minnaars onder jonge vrijgezellen met veel geld en een gulle inborst. Als ze geld hebben geërfd van hun vaders, springen ze daar heel nonchalant mee om. Zoek ook ascetische types die desondanks hunkeren naar een vrouw, oude kennissen die weten wat er in de wereld te koop is, rijke astrologen en mannen die invloed hebben bij de koning.

Mijd onintelligente types, maar zoek mannen die ergens in uitblinken, die wijs zijn en die de wereld kennen. Maak van uw woning een toevluchtsoord voor allen die daar komen. Laat artiesten, schilders, muzikanten, schrijvers en dichters er vertroosting vinden. En kies uit hen iemand die vriendelijk, welgemanierd en vrijgevig is, die niet roddelt, geen ruzie zoekt en nooit iets doorvertelt. Zorg dat hij u altijd meeneemt naar feesten. Uiteraard moet hij goedgebouwd, knap, galant en hoffelijk zijn, en een expert in de *Kama Soetra*.

Met de volgende types moet u geen contact zoeken: mannen met een besmettelijke ziekte, een vulgair taalgebruik, een slechte adem of een humeurig karakter. Ook vrekken, schurken, spionnen en mannen die veel van hun echtgenotes houden, kunt u beter uit de weg gaan. Een goede courtisane:

❖ heeft een mooi lichaam en een stem als van een nachtegaal;
❖ is welgemanierd en bedreven in het liefdesspel;
❖ vindt karakter het belangrijkst van alles;
❖ blijft haar minnaars trouw en gedraagt zich elegant op gezellige bijeenkomsten;
❖ is discreet en leergierig;
❖ is niet twistziek of opvliegend;
❖ is altijd goedgekleed;
❖ kent de *Kama Soetra* door en door en is altijd bereid om mannen te behagen.

De oude schrijvers besteedden veel aandacht aan de vraag waarom een meisje een courtisane zou willen worden. Was het uit liefde? Uit vrees? Wraakzucht? Kwam het door een toch al dubieuze reputatie? Of was ze van nature misschien promiscue en lag het in haar aard om zich aan mannen te onderwerpen? Wat is de reden waarom een vrouw de samenleving de rug toekeert, waar ze vooral minachting voor terugkrijgt? Volgens de *Kama Soetra* zijn er maar drie mogelijke oorzaken: armoede, hebzucht en de behoefte aan liefde.

Een meisje dat overweegt een courtisane te worden, moet eerst goed nadenken waarom ze dat wil, want als die keus eenmaal is gemaakt, is er geen weg terug. Heeft ze het werkelijk zo krap? Maar als ze er desondanks toe besluit, moet ze geld ook het allerbelangrijkste vinden.

Links: tooi mijn haar met een mooie bloemkrans, mijn handen met armbanden en mijn voeten met enkelringen die zijn ingelegd met juwelen.

Blz. 28 en 29: het overdreven karakter van deze typisch mannelijke fantasie blijkt ook uit het feit dat de man hier minstens anderhalf keer zo groot is als de vrouwen.

Over het veroveren van een man

Wees terughoudend wanneer een man u benadert, want mannen hebben van nature een hekel aan gemakkelijke veroveringen. Stuur eerst een zanger, clown, boodschapper of, als u die niet hebt, een vertrouweling naar zijn huis om zijn karakter en bedoelingen te peilen. Is hij wel eerbaar? Houdt hij er nog andere vrouwen op na? En niet te vergeten: heeft hij wel geld? Als blijkt dat hij is wat u zoekt, kunt u hem bij u thuis uitnodigen. Laat uw boodschapper hem vertellen dat uw woning bekendstaat om de gevechten tussen rammen, hanen of kwartels die er worden gehouden, of dat u een bijzondere *maina* hebt die kan

Onder: verzonken in gepeins blijven de wijsgeren ongevoelig voor de smeekbeden van de nimfen.

spreken. Of organiseer een show met zangers, dansers en muzikanten. Bij aankomst moet u hem verwelkomen met geschenken die zijn nieuwsgierigheid opwekken. Zeg dat u ze zelf hebt uitgezocht. Verstrooi hem met prettige verhalen. Stuur na zijn vertrek een spraakzame bediende naar zijn huis met geschenken. U kunt hem ook zelf zo vaak bezoeken als u wilt, onder het mom van iets zakelijks. Doe altijd heel aardig tegen hem, want, zegt de *Kama Soetra*: "Wanneer een minnaar uw woning bezoekt, moet u hem bedelven onder betelbladeren en -noten, bloemkransen en geurige zalven, maar boei hem bovenal met uw grootse conversatie. Zo ontsteekt u het vuur van de begeerte en kunt u zich met hem verenigen."

Links: dit zijn de geneugten van het samenzijn met haar: haar opwindende charmes, vochtige ogen en welriekende lotusadem.

Ze verfoeit haar uit sandelhout getrokken zalven.
Bleek als het maanlicht ontdekt ze het
liefdesverdriet.

over het als een echtgenote leven

Zodra u als courtisane met uw minnaar samenwoont als ware u zijn echtgenote, moet u hem trouw blijven, kuis leven en alles doen om hem tevreden te stellen. Maak het hem zo veel mogelijk naar de zin, maar raak nooit aan hem gehecht, al moet u wel doen alsof u dat bent.

Schilder uw moeder af als een akelig mens dat hem haat en alleen geïnteresseerd is in geld (desnoods kan een bejaarde vrouw deze rol spelen). De moeder moet haar rol zo overtuigend mogelijk neerzetten door u met geweld bij uw minnaar vandaan te sleuren. Veins dan schaamte, vrees en neerslachtigheid, maar zeg er niets van. Als u bij hem weg moet, ook al is het maar voor even, moet u doen alsof u ziek bent. Dat hoeft niks buitenissigs of weerzinwekkends te zijn: een simpel kwaaltje is als uitvlucht goed genoeg.

Vraag uw dienstmeid om enkele bloemen van de vorige dag op te halen uit de kamer van uw minnaar en te zeggen dat u die als prettig aandenken wilt bewaren. Dat zal zijn begeerte doen toenemen.

Laat in bed niet blijken dat u iets van seks weet. Beperk u tot wat hij u leert. Reageer vol verbazing op de technieken die hij toepast bij de gemeenschap. Bewaar zijn geheimen. Vertrouw hem uw eigen verlangens en geheimen toe. Verberg uw woede. Verwaarloos hem geen moment in bed. Doe alles wat hij vraagt en liefkoos zijn lichaam zoals hij dat wenst. Kus hem in zijn slaap.

Kijk bezorgd als hij peinzend kijkt. Zoek het juiste evenwicht tussen schaamteloosheid en schuchterheid. Kijk hem na vanaf het balkon wanneer hij bij u weggaat. Haat zijn vijanden. Heb degenen lief die hem lief zijn. Deel zijn voorliefdes. Pas uw stemmingen aan de zijne aan. Doe alsof u jaloers bent op zijn

echtgenotes. Word af en toe kwaad om de sporen van nagels en tanden op zijn lichaam, ook al zijn die van uzelf afkomstig.

Zwijg wanneer hij slaapt, ziek of dronken is. Wees een en al aandacht wanneer hij zijn goede daden beschrijft en begin er later zelf over alsof u ze dan voor het eerst ontdekt. Luister naar alles wat hij zegt, tenzij het over andere vrouwen gaat. Reageer met de juiste woorden wanneer hij zucht, gaapt of zelfs niest. Prijs geen andere mannen in zijn bijzijn en laat u niet afkeurend uit over mensen die dezelfde gebreken hebben als hij.

Zeg dat u bij hem wilt blijven als hij de stad uit gaat of wordt verbannen. Stel zelfs voor om er samen vandoor te gaan. Vertel hem dat uw doelloze leven dankzij hem weer zin heeft. Breng offers aan de goden als hem een fortuin is toegevallen. Leg zijn hand op uw voorhoofd en boezem en doe alsof u zijn aanraking zalig vindt. Val in slaap op zijn schoot. Vertel hem dat u het niet zou overleven als hem iets overkwam. Zeg dat u verlangt naar een kind van hem. Verraad zijn geheimen niet. Wees zuinig met zijn geld. Probeer hem ervan te weerhouden om te vaak te vasten, maar vast anders met hem. Ga altijd met hem mee naar bijeenkomsten wanneer hij dat wil. Vind het prettig om dingen te gebruiken die hij gebruikt. Laat u prijzend uit over zijn familie, vrienden, karakter, leeftijd, talenten en goede eigenschappen.

Luister ademloos naar zijn zangkunst, zelfs al stelt die niet veel voor. Bezoek hem zonder acht te slaan op uw vrees, noch op kou, hitte of regen. Zeg dat u ook in het hiernamaals zijn vrouw zou willen zijn. Pas u in uw neigingen altijd aan hem aan. Als hij erachter komt dat u hem ontrouw bent geweest, moet u uw dienstmeid naar hem toe sturen om te zeggen dat het allemaal de schuld is van uw moeders hebzucht.

Laat hij zich daardoor niet vermurwen, dan moet u zelf naar hem toe gaan. Begin te jammeren en vervloek het lot dat van u een courtisane heeft gemaakt. Hekel uw moeder (twist echter nooit met haar over geldzaken!), zolang u maar niet vergeet dat zij wel degene is die u aan al die rijke adresjes helpt.

Links: haar heupen die door haar gewaad worden onthuld, haar lendenen die de bron en de oorsprong zijn van alle genot.

Wanneer haar minnaar op reis is, wijdt de vrouw
zich aan het dresseren van haar hond en papegaai.

Wanneer uw minnaar een reis gaat ondernemen, moet u in huilen uitbarsten en jammeren: "Kom gauw terug, anders beroof ik mij van het leven." Na zijn vertrek moet u heel sober leven, geen parfums gebruiken en alleen sieraden dragen die geluk brengen. Als hij op de afgesproken dag nog niet terug is, moet u aan de hand van voortekens en astrologen vaststellen hoe het met hem gaat. Gunstige dromen betekenen dat u spoedig met hem herenigd zult zijn, maar nare dromen moeten worden beantwoord met een offer aan de kennelijk ontstemde goden.

Als hij weer thuis is, moet u Kama danken en tevens offers brengen aan de andere goden. Vul een pot met water en vereer de kraaien die al die tijd uw boodschappers zijn geweest. Ga dan niet verder met uw gebeden tot hij minstens één nacht met u heeft doorgebracht. Als hij nog van u houdt, moet u ook de laatste rituele handelingen uitvoeren. Maar is hij niet echt meer in u geïnteresseerd, dan kunt u zich dat beter besparen, aangezien religieuze riten veel geld kosten.

Om kort te gaan, de man die stapelgek op u is, zal luisteren naar alles wat u te vertellen hebt. Hij past zich altijd aan uw wensen aan en voegt zich argeloos naar uw behoeften zonder zich veel te bekommeren om het geld dat hij aan u uitgeeft.

In gevallen die niet in de *Kama Soetra* vermeld staan, moet de courtisane handelen volgens de gewoonten van het land en de aard van iedere man afzonderlijk.

Links: *als het hoofd van de vrouw lager ligt dan haar romp, wordt dit de 'wijdopen houding' genoemd.*
Boven: *de warmte van haar lichaam is in hartstocht ontvlamd.*

*Het element van gevaar en de angst voor ontdekking
dragen bij aan de opwinding.*

hoe u hem geld afhandig maakt

U kunt uw minnaar op twee manieren geld afhandig maken: door natuurlijke middelen of door listen. De meeste schrijvers zijn van oordeel dat de laatste onnodig zijn zolang u op de normale manier geld van hem krijgt. Vatsyayana daarentegen raadt wel aan om gebruik te maken van allerlei listen, omdat u daarmee uw inkomsten gemakkelijk kunt verdubbelen.

Die listen zijn de volgende.

❖ Neem bij allerlei gelegenheden geld van hem aan om eten, drinken, bloemen, parfums, sieraden en kleren te kopen. Vraag meer dan deze artikelen werkelijk kosten of koop ze zelfs helemaal niet.

❖ Prijs hem om zijn gulheid en laat het voorkomen alsof u geschenken moet geven op feesten — vooral die feesten waarbij dat traditie is.

❖ Beweer dat uw sieraden zijn gestolen toen u ergens anders met hem was of dat uw bezittingen verloren zijn gegaan door brand of door de slordigheid van uw bedienden.

❖ In zo'n geval zegt u uiteraard ook dat zijn sieraden samen met de uwe verloren zijn gegaan.

❖ Maak hem er via anderen op attent wat het u kost om hem te bezoeken. Of twist met uw moeder over de grote uitgaven die u voor hem hebt gedaan.

❖ Weiger naar de feesten van uw kennissen te gaan om de eenvoudige reden dat u niet zulke dure cadeaus voor hen kunt kopen als zij eerder voor u hebben gedaan.

❖ Klaag dat u het zich niet kunt veroorloven om bepaalde feestelijke riten na te leven.

❖ Veins dat u ziek bent en laat hem de rekening betalen.

❖ Verleen vrienden en kennissen bijstand bij feestelijkheden en laat hem ervoor betalen.

Blz. 42 en 43: als de vrouw beide benen intrekt en op haar buik legt, heet dit de 'houding van de krab'.

❖ Neem kunstenaars en ambachtslieden in dienst en laat hem voor de kosten opdraaien.

❖ Doe alsof u een deel van uw sieraden, meubelen, kleding en keukengerei wilt verkopen en vraag hem om even weg te gaan, omdat het anders te pijnlijk voor hem zou zijn wanneer de handelaar arriveert.

❖ Zorg dat uw vriendinnen hem vertellen hoe gul uw vorige minnaar wel niet was.

❖ Verzet u openlijk tegen uw moeder als deze u aanraadt om het opnieuw aan te leggen met eerdere minnaars, omdat u het bij hen zoveel beter had.

❖ Wijs hem op de vrijgevigheid van een ex die u de laan hebt uitgestuurd en benadruk hoe graag deze nog wil terugkomen.

❖ Als u merkt dat zijn hartstocht tanende is, moet u gaan klagen over het feit dat hij uw vriendelijkheid zo mager heeft beloond.

Het is uiterst belangrijk dat u zijn diepere gevoelens altijd weet af te lezen aan zijn gelaatsuitdrukking, zijn wisselende stemmingen en zijn manier van doen.

Boven: als de vrouw de lingam in haar hand houdt en die kust alsof ze de onderlip kust, heet dit 'kussen'.
Links: raadpleeg uw kruikvormige borsten die schuilgaan achter uw maagdelijke halssnoeren.

*De vrucht der liefde: een vroedvrouw en bedienden
helpen bij een bevalling.*

A an alles komt een eind, wisten ook de Ouden. De tekens die erop wijzen dat de affaire ten einde loopt, zijn de volgende.

❖ Hij begint u minder te geven dan waar u om vraagt of geen cent meer dan wat u zelf geeft.
❖ Hij belooft alles, maar geeft niets.
❖ Hij zegt het een, maar doet het tegenovergestelde.
❖ Hij weigert dingen waar u om vraagt of verbreekt zijn beloften en zegt steeds vaker: "Sorry, vergeten."
❖ Hij begint te smoezen met zijn bedienden zonder dat hij u ziet staan.

Onder: o schoonheid, die in mijn hart woont als een jong doch ervaren meisje.

❖ Hij overnacht bij vrienden, zogenaamd omdat hij iets voor hen moet doen.

❖ Hij overlegt uitvoerig met de bediende van een vrouw die hij voor u heeft gekend.

Als u een of meer van deze signalen opmerkt, is het tijd om er een punt achter te zetten. Maar laat nooit doorschijnen dat u hem wel doorhebt. Maak hem nog snel even van alles afhandig. Laat hem maar pronken, terwijl u als een echte prof uw zaakjes afhandelt. Maak desnoods gebruik van een oude schuldeiser om beslag te laten leggen op zijn bezittingen, zogenaamd om een schuld af te lossen.

Eén advies: bejegen een bemiddelde minnaar ook na de affaire met respect. Als hij arm is, kunt u doen alsof u hem nooit hebt gekend.

Boven: hoe schoon belichaamt op aarde uw ranke gestalte de nimfen des hemels. Links: met een muskustakje beeldt ze haar geliefde heimelijk uit als haar Kama, haar god van liefde en aanbidding.

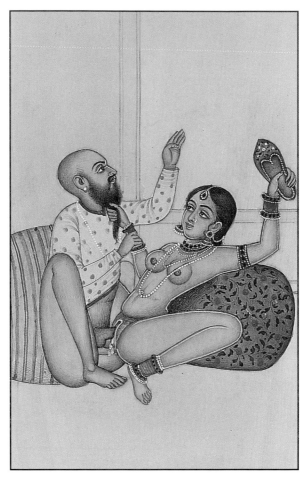

*De seksuele vereniging is als een twist, omdat de
liefde haar eigen dwarsheden kent en geneigd is
tot meningsverschillen.*

hoe u zich van hem ontdoet

Zoals gezegd is het de taak van een courtisane om betrekkingen aan te knopen met rijke mannen, hen kaal te plukken en daarna weer de laan uit te sturen. De *Kama Soetra* geeft de volgende methoden om u van zo'n minnaar te ontdoen.

❖ Doe extra aardig tegen mensen die hij niet mag.

❖ Verzin allerlei dingen die hem ergeren en kwaad maken.

❖ Laat merken dat u zijn fouten en gebreken beu bent.

❖ Trek een minachtend gezicht en stampvoet vol afschuw wanneer hij binnenkomt.

❖ Praat uitvoerig over zaken waar hij niks van af weet en toon geen interesse in wat hij zegt.

❖ Kwets zijn ego en krenk zijn trots.

❖ Ga om met zijn meerderen, zodat hij zich buitengesloten voelt.

❖ Geef hem het gevoel dat hij wordt genegeerd.

❖ Wend in bed uw hoofd af als hij u wil kussen. Weiger hem de toegang tot het deel van uw lichaam tussen navel en dijen en klaag over de sporen van zijn nagels of tanden.

❖ Laat hem de liefde met u bedrijven als hij moe is en lach hem uit tijdens zijn climax, alsof u wilt zeggen: "Is dat nou alles?"

❖ Mocht hij het liefdesspel nog kunnen voortzetten, blijf dan roerloos liggen, alsof het u koud laat.

❖ Drijf de spot met hem als hij overdag wil vrijen.

❖ Ontvang hem niet langer hartelijk, vraag dingen die hij niet kan geven en laat uw bedienden hem het huis uitzetten.

Om snel rijk te worden, moet een courtisane:

❖ eerst goed kijken wat voor vlees ze in de kuip heeft;

❖ zorgen dat hij stapelverliefd op haar wordt;

❖ hem vervolgens helemaal kaalplukken;

❖ en hem dan zonder pardon de laan uit sturen.

Een courtisane die zich aan deze simpele regels houdt, wordt nooit lastiggevallen door al te veel minnaars en zal toch in staat zijn grote rijkdommen te vergaren. Als het echter niet goed gaat en u zich genoodzaakt ziet om terug te vallen op een vroegere minnaar, moet u een trouwe bediende naar hem toe sturen met een van de volgende smoesjes.

❖ Dat hij indertijd was weggestuurd, kwam door de intriges van uw moeder.

❖ U hield toen nog altijd evenveel van hem, maar zei niets uit ontzag voor uw boosaardige moeder.

❖ Uw huidige minnaar is een onsympathiek persoon.

Laat uw trouwe dienstmeid met hem praten over de liefde die u destijds voor elkaar voelde en herinner hem aan iets speciaals wat u deelde, zoals de manier waarop hij zoende of de liefde bedreef. Dan zal hij bij u terugkomen. Bedenk wel dat een ex die al eens veel geld aan u is kwijtgeraakt, niet snel bereid zal zijn weer veel aan u uit te geven. Mocht u moeten kiezen tussen twee minnaars, de ene een oude geliefde en de andere een nieuwkomer, dan verdient de eerste de voorkeur, zegt de *Kama Soetra*, omdat u diens aard al kent en hem dus gemakkelijker kunt bevredigen. Maar er kunnen zich gevallen voordoen waarin deze algemene regel niet opgaat.

U kunt terugvallen op een vroegere minnaar om een breuk te forceren met een andere man of vrouw. Ook kunt u hem gebruiken om indruk te maken op uw huidige minnaar.

Het is handig om te weten dat een man die stapelgek op u is altijd bang zal zijn dat u in contact komt met andere mannen. Hij ziet uw fouten doorgaans niet en spendeert handenvol geld aan u uit angst dat u hem zult verlaten.

Wees tot slot altijd zeer vriendelijk voor de man die zich aan u heeft gehecht en veracht de man die niet om u geeft. Als u eenmaal met een geschikte minnaar samenwoont, mag u niet luisteren naar wat een andere gegadigde u wil vertellen, of, als het echt niet anders kan, een tijd afspreken waarop hij u kan bezoeken, zolang dit niet ten koste gaat van uw huidige relatie.

Oude liefdes nieuw leven inblazen, is alleen verstandig als u ervan overtuigd bent dat dit zal leiden tot voorspoed, liefde en vriendschap.

Links: haar gezicht is als de volle maan in een donkere nacht; haar ogen groot als van een angstige hinde, haar borsten fier en stevig, haar tred gracieus als een zwaan.
Blz. 54 en 55: wanneer het liefdesspel plaatsvindt in het water, met meerdere vrouwen tegelijk, heet dit de 'vereniging van olifanten'.

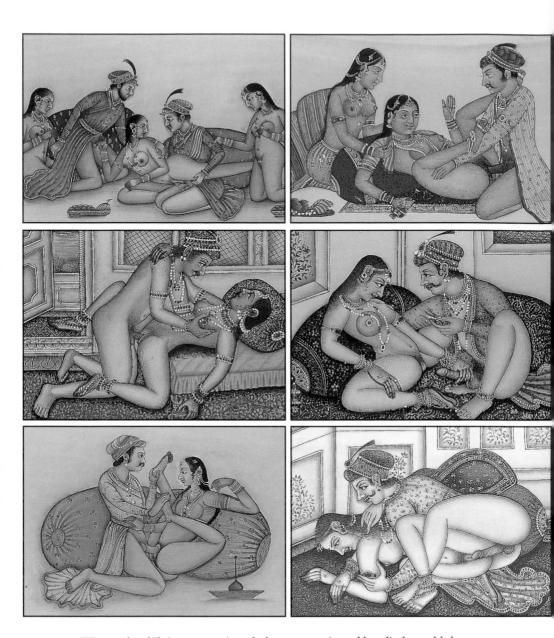

Wat een heerlijk instrument is toch de vrouw; mits vakkundig bespeeld, brengt ze de prachtigste klanken voort, voert ze de vernuftigste variaties uit en schenkt ze goddelijk erotisch genot.

houdingen tijdens het liefdesspel

Als u kleiner geschapen bent dan uw minnaar, kunt u het beste houdingen aannemen waarbij uw dijen ver uiteen staan om het binnengaan van de *lingam* te vergemakkelijken. Bent u echter groot geschapen, dan zijn voor u houdingen met meer gesloten dijen uiteraard beter, omdat die de *yoni* vernauwen.

Als u groot geschapen bent en hij klein, bent u aangewezen op andere technieken – daarover later meer. Maar past u qua afmetingen perfect bij elkaar, dan gelden er geen beperkingen en kunt u bij het liefdesspel alles doen wat uw hart u ingeeft.

Hinde-vrouwen ervaren liggend het meeste genot bij een van de volgende drie houdingen.

❖ De 'wijdopen houding': hierbij ligt uw hoofd lager dan uw romp (een kussen is prettig) en houdt u de dijen ver uiteen. Het gebruik van een glijmiddel wordt aanbevolen om de penetratie voor beide partijen te versoepelen.

❖ De 'gapende houding': hierbij ligt u gestrekt op bed met uw dijen ver uiteen. De *yoni* is open maar ook licht gekanteld, dus doe voorzichtig bij de penetratie.

Onder: een liefdespaar, gadegeslagen door een opgewonden yogi en een opgelaten dienstmeisje.

57

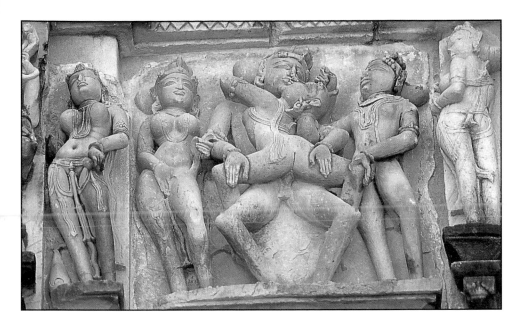

❖ De 'houding van Indrani': met enige oefening kunt u leren uw benen zodanig in te trekken dat uw knieën uw borsten raken terwijl uw voetzolen zijn oksels kietelen.

Deze houding is vooral handig voor gelijk geproportioneerde koppels.

Wanneer beide partners hun benen gestrekt op elkaar houden, wordt dit de 'klemmende houding' genoemd. Hierbij zijn twee variaties mogelijk, al naar gelang de ligging van de vrouw. Bij de zijligging moet hij steeds op zijn linker- en zij op haar rechterzij liggen; dit geldt voor vrouwen van elk type.

Wanneer de vereniging in de 'klemmende houding' is begonnen, kunt u uw dijen tegen hem aan drukken: de 'drukkende houding'.

Maar legt u een van uw dijen over de zijne, wordt dit de 'omwikkelende houding' genoemd.

Als u zijn *lingam* krachtig vasthoudt in uw *yoni*, is dit de zogeheten 'houding van de merrie'. Dit vergt veel oefening.

Soevarnanabha noemt ook nog de volgende houdingen.

Wanneer u beide benen omhoogsteekt, heet dit de 'oprijzende houding'.

Maar als u beide benen opheft en op zijn schouders legt, is dit de 'gapende houding'.

Links: rolwisseling: de vrouw speelt hier de actieve rol en balanceert als een pijl op de boog van de man, die met zijn gekromde houding de yoni *symboliseert.*
Boven: *volgens Vatsyayana verschillen mannen en vrouwen zowel in de wijze waarop ze hun taak verrichten als in hun beleving van het genot.*

Wanneer de benen worden ingetrokken en door de man voor zijn borst worden gehouden, heet dit de 'neergedrukte houding'.

Als u het ene been opheft en op zijn schouder legt en dit dan herhaalt met het andere been, noemt men dit het 'splijten van het bamboeriet'.

Ook een moeilijke houding die veel oefening vergt, is die waarbij u het ene been op uw hoofd legt en het andere strekt. Dit heet het 'bevestigen van de nagel'.

Als u beide benen intrekt als een krab, zodat uw voetzolen in zijn buik drukken, en u hem naar u toe trekt met uw armen, wordt dit de 'houding van de krab' genoemd.

Bij de 'gestapelde houding' worden de dijen opgetrokken en de ene op de andere gelegd, terwijl bij de 'lotushouding' de onderbenen op elkaar worden gelegd.

Als u zich vanuit een frontale, zittende positie omdraait zonder de *lingam* van uw geliefde los te laten en uw armen om zijn rug slaat, heet dit de 'draaiende houding'. Deze moeilijke techniek, die veel oefening vergt, kan ook andersom worden uitgevoerd.

Sommige wijzen waren van mening dat men al deze manieren om zich liggend, zittend of staand te verenigen, het beste in het water kon oefenen. Maar de *Kama Soetra* beschouwde dergelijke verenigingen als ongepast.

Staande houdingen

Er zijn twee manieren om staand de liefde te bedrijven. Bij de 'leunende houding' leunt een van beide partners tegen een muur of een zuil.

Bij de 'zwevende houding' houdt hij zich staande tegen een muur, terwijl zij haar armen om zijn hals slaat, de dijen optrekt langs zijn middel en beweegt door zich met haar voeten af te zetten tegen diezelfde muur.

Boven: bij verticale houdingen stroomt de seksuele energie naar het hoofd, wat de klieren stimuleert.

60

Dierlijke houdingen

Wanneer u op een zacht bed of kleed op handen en voeten staat en uw minnaar u van achteren als een stier bespringt, waarbij hij in plaats van uw borsten uw billen streelt, heet dit de 'houding van de koe'. Op dezelfde wijze kan men het paar-

gedrag van andere dieren nabootsen, plus de bijbehorende geluiden, zoals van het paard, het hert, de geit, de hond of de kat.

Ter afwisseling kunt u ook het 'bespringen van de ezelin', het 'schuren van de ever' of de 'sprong van de tijger' uitbeelden. Doe deze niet af met hoongelach, want volgens de *Kama Soetra* kunnen zelfs de meest ervaren koppels hier nog iets van leren.

Rolwisselingen

Wanneer uw minnaar vermoeid is van het vrijen maar nog geen orgasme heeft gekregen, of wanneer u nogmaals de liefde wilt bedrijven, kunt u zijn rol overnemen door hem op zijn rug te leggen (doe dit zonder de gemeenschap af te breken).

Terwijl de blaadjes van de bloemen in uw haar vrolijk neerdwarrelen op zijn borst, buigt u voorover om hem te kussen en streelt u hem met uw opgerichte tepels, eerst zachtjes, dan harder, alsof u hem wilt doorboren. Gooi dan uw hoofd achterover en draai uw heupen wellustig in het rond. Krab hem als een kat en bijt hem zachtjes in zijn nek.

Doe kortom alles wat hij eerder bij u heeft gedaan. Spreek hem schertsend toe en zeg: "Kun je zien wat je altijd bij mij doet! Nu is het mijn beurt om jou te onderwerpen!"

Maar na uw climax moet u weer terugvallen in de rol van de schuchtere en gedweeë vrouw.

Wanneer u de rol van de man overneemt, beschikt u over de volgende drie technieken: de tang, de tol en de schommel.

❖ Als u zijn *lingam* in uw *yoni* klemt en daarbij voortdurend heen en weer kneedt, wordt dit de 'tang' genoemd.
❖ Als u uw benen optrekt en u als een wiel ronddraait zonder zijn *lingam* los te laten, noemt men dat de 'tol'.
❖ Als uw heupen bij die gelegenheid steeds grotere cirkels beschrijven rond zijn ingebrachte *lingam*, of wanneer u daar als het ware op schommelt, heet dat de 'schommel'.

Na het orgasme ebt de hartstocht weg en moet u voorover gaan liggen met uw hoofd op dat van uw minnaar, echter zonder de coïtus te verbreken – het vuur van de begeerte zal spoedig opnieuw ontbranden.

Een groot voordeel van dit omkeren van de rollen is volgens de *Kama Soetra* dat ook een bedeesde vrouw zo uiting kan geven aan al haar liefde en verlangen, terwijl de man daardoor meer inzicht krijgt in wat zij werkelijk allemaal prettig vindt.

Maar een vrouw die ongesteld is, die pas bevallen is of die te dik is, mag niet de rol van de man spelen.

Onder: ze ligt ontspannen op hem na het liefdesspel

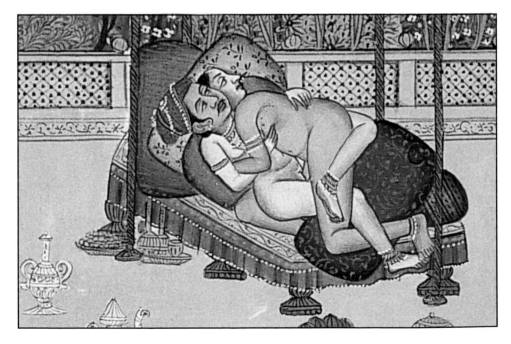

62

In sommige delen van India kwam het wel voor dat meerdere jongemannen tegelijk de liefde bedreven met één vrouw, waarbij ze elkaar afwisselden. De een hield dan haar middel vast, de ander penetreerde haar en een derde bediende zich van haar mond.

Maar die orgiën vonden meestal plaats met courtisanes of prostituees. Heel soms gebeurde het omgekeerde, wanneer een man bijvoorbeeld het 'slachtoffer' werd van een aantal op seks beluste haremvrouwen.

Er zijn ook mensen die een voorkeur hebben voor anale seks met mannen of vrouwen. Dit wordt door de *Kama Soetra* echter afgekeurd.

De *Kama Soetra* maakt ons aldus duidelijk dat het minnespel in al zijn facetten niet alleen een bron van genot is, maar ook de liefde, vriendschap en het wederzijds respect dient te bevorderen.

Blz. 64: ze kijkt in de spiegel en tekent op haar voorhoofd een volmaakte stip, als een door donkere wolken omgeven maan. Onder: o schoonheid, laat me opnieuw van u genieten, want ik brand van verlangen.